KB062927

토끼와 거북이는 포유류와 파충류

저학년
**STEAM
스쿨❷**
동식물

토끼와 거북이는
포유류와 파충류

초판 1쇄 발행 2013년 3월 15일 | **초판 5쇄 발행** 2020년 9월 15일
글 그림 백명식
펴낸이 김명희
책임편집 이정은 | **디자인** 신영미
펴낸곳 다봄 | **등록** 2011년 6월 15일 제 2020-000029호
주소 서울시 광진구 아차산로 51길 11 4층
전화 070-4117-0120 | **팩스** 0303-0948-0120
전자우편 | dabombook@hanmail.net

ISBN 978-89-966779-9-4 64710

ⓒ 백명식, 2013

이 도서의 국립중앙도서관 출판시도서목록(CIP)은 서지정보유통지원시스템 홈페이지(http://seoji.nl.go.kr)와
국가자료공동목록시스템(http://www.nl.go.kr/kolisnet)에서 이용하실 수 있습니다.(CIP제어번호:CIP2013001154)

*책값은 뒤표지에 표시되어 있습니다.
*파본이나 잘못된 책은 구입하신 곳에서 바꿔드립니다.

KC
품명 아동 도서   **사용연령** 8세 이상
제조국 대한민국   **제조년월** 2020년 9월 15일
제조자명 다봄   **연락처** 070-4117-0120
주소 서울시 광진구 아차산로 51길 11 4층
주의사항 종이에 베이거나 긁히지 않도록 조심하세요.
           책 모서리가 날카로우니 던지거나 떨어뜨리지 마세요.
KC마크는 이 제품이 공통안전기준에 적합하였음을 의미합니다.

토끼와 거북이는 포유류와 파충류

글 그림 **백명식**

다봄

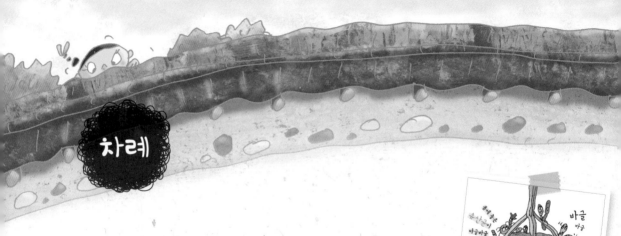

차례

이 책의 구성

〈토끼와 거북이는 포유류와 파충류〉 100배 즐기는 법~!

① 전래 동화

재미난 전래 동화를 읽어요.
그림만 봐도 웃음이 킥킥,
재미가 솔솔~!

② 톡톡 과학 양념

전래 동화를 읽다가
궁금한 과학 상식을 배워요.
짧지만 아주 알찬
내용들로 가득해요.

❸ 이야기 속 숨은 과학

전래 동화를 읽다 나온
과학 내용이 궁금했나요?
이야기 속에 나왔던
과학 지식에 대해서
꼼꼼하게 짚어 줍니다.

❹ 삐딱하게 보는 과학

전래 동화 속에 나온
과학 내용을 살짝 삐딱하게
비틀어 볼까요?
한걸음 더 나아가서
새로운 과학 내용을 배워요.

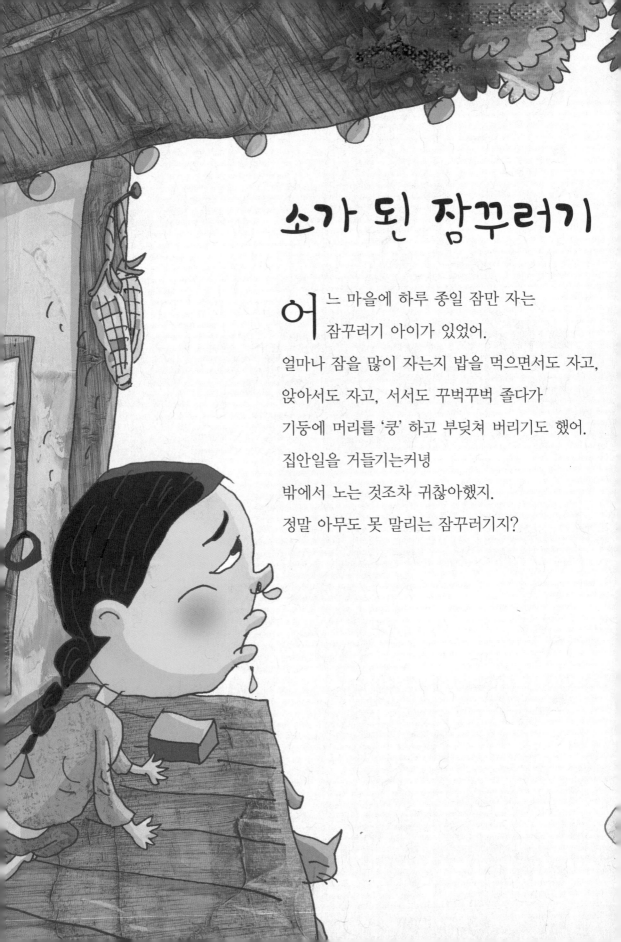

소가 된 잠꾸러기

어느 마을에 하루 종일 잠만 자는
잠꾸러기 아이가 있었어.
얼마나 잠을 많이 자는지 밥을 먹으면서도 자고,
앉아서도 자고, 서서도 꾸벅꾸벅 졸다가
기둥에 머리를 '쿵' 하고 부딪쳐 버리기도 했어.
집안일을 거들기는커녕
밖에서 노는 것조차 귀찮아했지.
정말 아무도 못 말리는 잠꾸러기지?

하루는 툇마루에 누워 잠을 자다가 목이 말라 일어났어.

그런데 길 옆 커다란 나무 아래에 소 한 마리가 누워서

눈을 감고 되새김질을 하고 있는 거야.

갑자기 소를 보자 부러운 생각이 들었어.

잠꾸러기는 소가 있는 곳으로 갔어.

"소야, 너는 참 좋겠다. 이렇게 시원한 데 누워서 맘대로 잠을 자고

먹을 것을 먹고 있으니 얼마나 좋으냐?

나도 소가 되었으면 원이 없겠다."

그러자 소 옆에 있던 노인이 말했어.

"정말 소가 되고 싶으냐? 그럼 내가 소로 만들어 주마."

잠꾸러기는 노인이 자기를 놀리는 줄 알았어.

"할아버지, 거짓말하지 마세요. 어떻게 사람을 소로 만들어요?"

"아주 쉬운 일이란다. 이 소가죽을 뒤집어쓰기만 하면 소가 되거든."

"정말요? 소처럼 잠만 잘 수 있다면 소가 되고 싶어요."

잠꾸러기는 노인이 준 소가죽을 뒤집어썼어.

그러자 노인은 자기 소를 데리고 어디론가 사라져 버렸어.

'내가 정말 소가 된 걸까? 에라, 모르겠다! 잠이나 한숨 자야지.'

잠꾸러기는 시원한 나무 그늘에서 또 잠을 잤어.

얼마나 지났을까? 갑자기 누가 엉덩이를 찰싹 하고 때리는 거야.

"이랴, 이 게으름뱅이 소야! 어서 일어나거라."

잠꾸러기가 눈을 떠 보니 글쎄 아버지가 회초리를 들고 서 있는 것이 아니겠어?

"아버지, 저예요."

하지만 잠꾸러기가 말하는 소리는 소 울음소리로 들렸어.

"이 소가 오늘따라 왜 이러는 거야. 어서 일어나."

철썩!

아버지는 소가 된 잠꾸러기의 엉덩이를 회초리로 사정없이 내리쳤어.

"아야."

하지만 아버지의 귀에는 '음머' 하는
소 울음소리로만 들렸어.

철썩!

음머~

아버지는 고삐를 잡아끌며 소를 일으켜 세워

등에 쟁기와 가래를 잔뜩 싣고 밭으로 끌고 가려 했어.

"아버지, 저예요. 저 잠꾸러기란 말예요."

하지만 아버지 눈에는 소가 게을러 움직이려 하지 않는 것으로만 보였어.

"이놈의 소가 왜 이렇게 말을 안 들어?"

아버지는 고삐를 잡아당기며 채찍으로

소가 된 잠꾸러기의 엉덩이를 사정없이 때렸어.

철썩!

철썩!

이랴~

이랴~

잠꾸러기가 아무리 설명을 해도 아버지 귀에는

소 울음소리로만 들리니 불쌍한 잠꾸러기는 매만 더 맞을 뿐이었어.

그날부터 소가 된 잠꾸러기는 이른 아침부터 저녁 늦게까지 죽도록 일만 했어.

게다가 제대로 먹지도 못해 나날이 말라 갔어.

"이놈의 소가 먹지도 않는 걸 보니 병이 든 모양이네.

　장에 나가 팔아 버려야겠군."

아버지는 소로 변한 잠꾸러기를 데리고 장에 나가 팔아 버렸어.

그런데 운이 없게도 소를 산 사람은
아버지보다 먹을 것은 더 주지 않고
일만 시키는 거야.
그러니 잠꾸러기는 더욱더 여위어 갔지.
"이놈의 소가 왜 이렇게 말라 가지?
안 되겠다, 도살장에 팔아야지."
이번에는 도살장으로 팔려 갔어.
도살장에는 무섭게 생긴
소 잡는 사람이 떡 하니 서 있었어.
잠꾸러기는 자기도 모르게 소리를 질렀어.
"으악! 살려 주세요."

톡톡 과학 양념

동물들은 몇 시간 잘까?

동물들은 제각각 잠자는 시간이 달라. 말이
나 얼룩말은 하루 2~3시간 정도로 짧고,
개나 고양이는 10~13시간, 다람쥐나 쥐는
13~14시간 정도 잔다고 해. 사람은 7~8시
간 정도 자는 것이 건강에 좋대.

으악!

"아니, 얘가 또 꿈을 꾸었나 보네. 매일 잠만 자니 몹쓸 꿈만 꾸지. 쯧쯧."

어머니는 땀을 흠뻑 흘리며 잠꼬대를 하는 잠꾸러기를 흔들어 깨웠어.

다행히도 그 모든 게 꿈이었던 거야.

잠에서 깨어난 잠꾸러기는 '휴~우' 하고 한숨을 내쉬었어.

'정말 큰일 날 뻔했네. 이제는 잠만 자는 잠꾸러기가 되지 말아야지.'

잠꾸러기는 그때부터 집안일도 열심히 하고 공부도 열심히 했단다.

잠은 왜 잘까?

사람은 살아 있는 동안의 3분의 1을 잠을 잔다고 해.
사람이나 동물은 깨어 있을 때 몸이나 뇌가 활동을 많이 하기 때문에
그러한 몸이나 뇌의 휴식을 위해 잠이 필요하지. 동물의 겨울잠이 그러하듯이,
잠은 보다 많은 에너지를 만들기 위한 행동이라고 볼 수가 있어.
그리고 쉬지 않고 계속 활동을 하면 몸의 여러 기관이 고장을 일으킬 수 있거든.
밤에 잠이 들었다가, 아침에 태양빛 때문에 뇌 속의 멜라토닌이라는 호르몬이
줄어들면서 잠에서 깨어나게 돼. 반대로 밤이 되어 햇빛이 사라지면
멜라토닌이 늘어나면서 잠이 오기   시작하는 거지.

ZZZ...
디롱~
디롱~

푸~

렘수면 행동 장애라는 것이 있어.
꿈에서 하는 행동이나 말을, 잠을 자면서
그대로 하는 것을 말해. 몽유병하고는 달라.

무서워~.

깊은 잠과 얕은 잠이 반복된다고?

우리는 잠이 들면 두 가지 종류의 잠을 번갈아가면서 자게 돼.
깊은 잠과 얕은 잠을 번갈아 가며 자는 거야. 조금 어려운 말로
얕은 잠은 렘수면, 깊은 잠은 비렘수면이라고 하지.
우리가 꿈을 꾸거나 잠꼬대를 하는 것은, 얕은 잠을 잘 때 일어나는 일이야.
얕은 잠을 잘 때는 몸은 움직일 수 없이 잠들어 있지만 뇌는 깨어 있기 때문에 꿈을 꾸는 거야.
혹시 잠을 자느라 눈을 감고 있는 사람의 눈동자가 빠르게 움직이는 것을 본 적이 있니?
이때가 바로 얕은 잠을 자고 있는 때야.
처음 잠들기 시작하면 깊은 잠인 비렘수면 상태가 되는데, 이때 뇌의 피로를 풀어 주게 돼.
그리고 깊은 잠을 잘 때 키를 크게 하는 성장 호르몬이 가장 많이 나온다고 해.
그러니 키가 크고 싶다면 깊은 잠을 자는 것이 중요하겠지?

또 자?

zz...

렘수면과 비렘수면의 차이

렘수면	비렘수면
뇌는 깨어 있고 근육은 잠을 잔다. 꿈을 잘 꾸고 눈동자가 빠르게 움직인다.	근육은 깨어 있고 뇌는 아주 깊은 잠을 잔다. 눈동자는 움직임이 거의 없다.

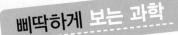

겨울잠은 왜 자는 걸까?

춥고 먹을 것이 없는 계절이 오면
스스로 체온을 조절할 수 없는 동물들은
부지런히 잠자리를 만들고 겨울잠을 잘 준비를 해.
겨울잠에 들어가면 거의 죽은 것처럼 꼼짝도
하지 않고 잠을 자. 보통 겨울잠은 땅속이나
나무 밑에서 자는데, 바깥보다 따뜻해서
추운 겨울을 무사히 보낼 수가 있어.

조용히 할 것!

개구리
개구리 몸속에는 몸을 얼지 않게
보호해 주는 물질이 있어.

너구리
11월에서 3월까지 겨울잠을 자.

오소리
10월에서 11월까지 겨울잠을 자.
가끔씩 잠에서 깨어
먹이를 구하러 다니기도 해.

겨울잠을 자는 동물들은 왜 몸을 동그랗게 웅크릴까?

얍!

동그란 공 모양은 똑같은 크기의 입체도형 중에서
가장 작은 겉넓이를 가지고 있어. 무슨 말이냐고?
바깥과 닿는 부분이 가장 작다는 거야.
그래서 몸을 공처럼 웅크리면 몸의 열을 가장 적게 빼앗기게 되기 때문에
겨울잠을 자는 동물들은 하나같이 몸을 웅크리고 자는 거야.
우리도 잠을 잘 때 추우면 자기도 모르게 몸을 웅크리게 되지?
바로 이런 이유 때문이야.

곰
겨울 내내 잠만 자는 것이 아니야.
가끔 밖으로 나와 똥을 누기도 하고
먹이를 찾아 먹기도 해.

뱀
주로 땅속이나 돌, 나무 밑에서
체온이 내려가는 것을 막기 위해 잠을 자.

고슴도치

당나귀 알

어느 시골에 마음씨 좋은 농부가 살고 있었어.
마음이 착하기는 하지만 세상 물정을 너무 몰라
남들에게 웃음거리가 되곤 했지.
어느 날 집에서 정성껏 짠 무명 한 필을 들고 장터에 나갔어.
주변머리가 없는 농부는 하루 종일 장터를 빙빙 돌다가
저녁때가 다 되어서 겨우 헐값에 팔았어.
'무명 판 돈으로 무엇을 살까?'
농부는 이곳저곳 기웃거리며 살 물건을 찾아보았지.
한참을 기웃거리다 신기한 것을 발견했어.
"주인 양반, 저기 둥글게 생긴 것이 무엇이오?"

농부가 가리킨 것은 바로 수박이었어. 생전 처음 본 것이라 무척 신기했지.

어리바리한 농부를 보고 과일 가게 주인은 놀려 주고 싶은 생각이 들었어.

"그건 당나귀 알이오. 따뜻한 아랫목에다 이불을 덮어 주고

한 달만 있으면 당나귀 새끼가 나올 것이오."

농부는 주인의 말을 듣자

당나귀를 갖고 싶다는 생각이 굴뚝같아졌어.

당나귀 알?

뿡

톡 톡 과학 양념

과일이 썩는 이유는?

과일이 썩는 것은 미생물이라는 아주 작은 생물에 의해서 분해가 되기 때문이야. 이 과정에서 고약한 냄새가 나지. 미생물은 당분이 많고 온도가 높을수록 더 활발하게 늘어난단다.

농부는 수박을 사 가지고 집으로 돌아왔어.

그러고는 과일 가게 주인 말대로 수박을 아랫목에 얌전하게 놓고

그 위에 이불을 덮었지.

하루가 지나고 이틀이 지나 어느새 한 달이 되었어.

농부와 아내는 조심스럽게 덮어 놓은 이불을 들춰 당나귀 알을 살펴보았어.

그러자 이불 속에서 썩은 냄새가 코를 찌르는 거야.

"이런, 곯아 버린 당나귀 알을 사 왔군."

"여보, 냄새가 지독하니 어서 뒷산에 갖다 버리고 오세요."

농부가 투덜거리며 썩은 수박을 들고 뒷산으로 가서 휙 하고 던져 버렸어.

그런데 마침 풀숲에서 잠을 자고 있던 당나귀가
농부가 던진 수박에 맞아 버렸지 뭐야.
깜짝 놀란 당나귀는 '후다닥' 하고 풀숲을 뛰쳐나와 내달리기 시작했어.
농부는 알에서 나온 당나귀인 줄 알고 곧장 뛰어가 잡았지.
농부가 당나귀를 집으로 데려가 버리자, 뒤늦게 나타난 당나귀의 진짜 주인은
당나귀를 찾아 이 집 저 집 헤매 다녀야 했어.
그러다가 농부네 집 앞마당에 있는 당나귀를 발견한 거야.
"아니, 여보시오. 어찌 남의 당나귀를 함부로 잡아간 것이오?"
그러자 농부가 소리를 버럭 질렀어.
"내가 사온 당나귀 알에서 태어난 당나귀인데,
어찌 당신 당나귀란 말이오?"

싸움이 시작되자 마을 사람들이 모여 들었어.
모두들 농부의 말을 듣고 웃음을 참지 못했지.
보다 못한 동네 훈장님이 나서서 설명해 주고,
당나귀를 진짜 주인에게 돌려주었대.

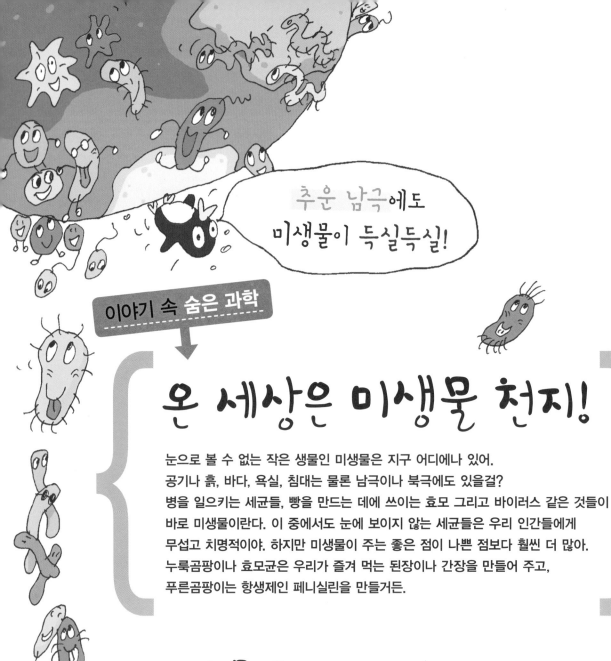

추운 남극에도
미생물이 득실득실!

온 세상은 미생물 천지!

눈으로 볼 수 없는 작은 생물인 미생물은 지구 어디에나 있어.
공기나 흙, 바다, 욕실, 침대는 물론 남극이나 북극에도 있을걸?
병을 일으키는 세균들, 빵을 만드는 데에 쓰이는 효모 그리고 바이러스 같은 것들이
바로 미생물이란다. 이 중에서도 눈에 보이지 않는 세균들은 우리 인간들에게
무섭고 치명적이야. 하지만 미생물이 주는 좋은 점이 나쁜 점보다 훨씬 더 많아.
누룩곰팡이나 효모균은 우리가 즐겨 먹는 된장이나 간장을 만들어 주고,
푸른곰팡이는 항생제인 페니실린을 만들거든.

우리 몸에도 미생물이 득실득실!

우리 몸에도 미생물이 많이 있는데,
해로운 짓을 하지 않고 도움을 주는 것들이 대부분이야.
특히 음식물을 먹는 입에는 수많은 세균들이 살고 있어.
입안은 세균들이 살기에 딱 좋은 곳이거든.
이에 들러붙은 세균들은 침 속의 단백질로 인해 두꺼운 층을 만들기도 해.
바로 충치의 원인이 되는 '플라크'란다.

28

치석과 플라크

위에 사는 나쁜 미생물 헬리코박터균

위에서 살면서 위염이나 위암을 일으키는 나쁜 미생물이 있어. 바로 헬리코박터균이야.
위 속에는 아주 강한 산성인 위액이 있어서 웬만한 미생물들은 살지 못하지만, 헬리코박터균은 위 점막에서
살기 때문에 안전한 거야. 위뿐 아니라 장 속에도 많은 미생물들이 살고 있어. 대표적인 게 대장균이야.
오줌이 나오는 길인 요도에도 미생물들이 살고 있어. 이러한 세균들은 평소에는 조용하지만
몸이 약해져서 면역력이 떨어질 때 병을 일으킨단다.

나는 요로염을 일으키는 병균!

우리는 대장균!

29

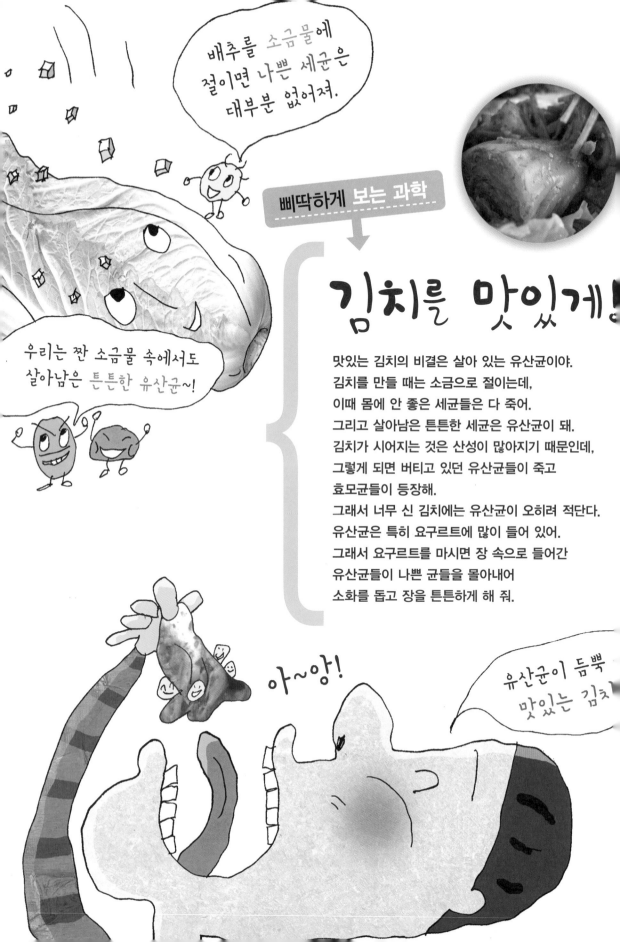

배추를 소금물에 절이면 나쁜 세균은 대부분 없어져.

우리는 짠 소금물 속에서도 살아남은 튼튼한 유산균~!

김치를 맛있게!

맛있는 김치의 비결은 살아 있는 유산균이야.
김치를 만들 때는 소금으로 절이는데,
이때 몸에 안 좋은 세균들은 다 죽어.
그리고 살아남은 튼튼한 세균은 유산균이 돼.
김치가 시어지는 것은 산성이 많아지기 때문인데,
그렇게 되면 버티고 있던 유산균들이 죽고
효모균들이 등장해.
그래서 너무 신 김치에는 유산균이 오히려 적단다.
유산균은 특히 요구르트에 많이 들어 있어.
그래서 요구르트를 마시면 장 속으로 들어간
유산균들이 나쁜 균들을 몰아내어
소화를 돕고 장을 튼튼하게 해 줘.

아~앙!

유산균이 듬뿍 맛있는 김치

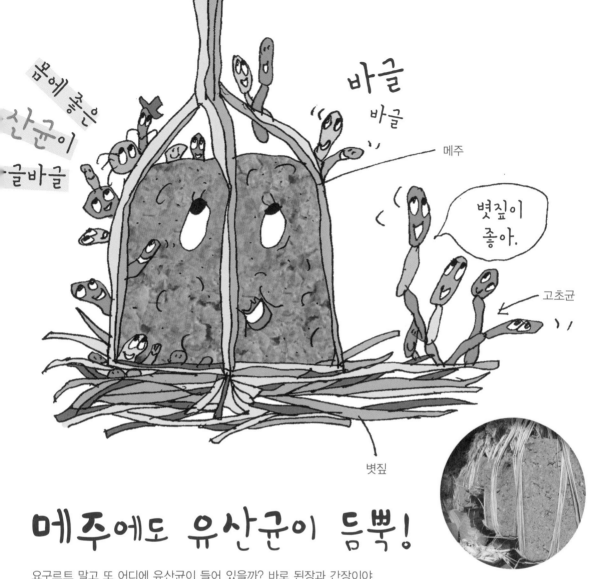

바글
바글

메주

몸에 좋은
~산균이
~글바글

벗짚이
좋아.

고초균

벗짚

메주에도 유산균이 듬뿍!

요구르트 말고 또 어디에 유산균이 들어 있을까? 바로 된장과 간장이야.
된장이나 간장을 만드는 메주에 여러 가지 유산균들이 듬뿍 들어 있거든.
메주는 콩을 삶아 만드는데, 말릴 때 볏짚을 이용해.
그러면 볏짚 속에 있던 고초균이라는 세균이 메주로 옮겨 가지. 세균이라고 해서 놀랄 것은 없어.
우리가 먹을 수 있는 세균이거든. 이 고초균들은 메주 속에서 쑥쑥 자라나게 되고,
소금물에 담가 잘 발효시키면 효모균과 유산균이 생기는 거야.

구리~

구리~

청국장이
발효가 잘된 것은
다 고초균 덕분이야.

구리~

눈먼 부엉이

옛 날에는 높은 자리에 있는 사람들이 뇌물을 받고
뒤를 봐주는 일이 허다했어. 참 고약한 일이지.

이 때문에 피해를 보는 사람도 많았어.

어떤 선비도 아는 것이 많아 어릴 적부터 똑똑하다는 소릴 많이 들었거든.

그런데 과거를 볼 때마다 떨어지는 거야.

글을 잘 못 써서 떨어지는 것도 아니고

그렇다고 아는 게 적어서 그러는 것도 아니었어.

바로 시험관들에게 뇌물을 주지 않아서 자꾸 떨어지는 거였지.

정말 어이가 없지?

시험관들은 실력은 제쳐 두고

뇌물을 많이 준 사람에게만 합격점을 주는 거야.

참, 억장이 무너지는 일이야.

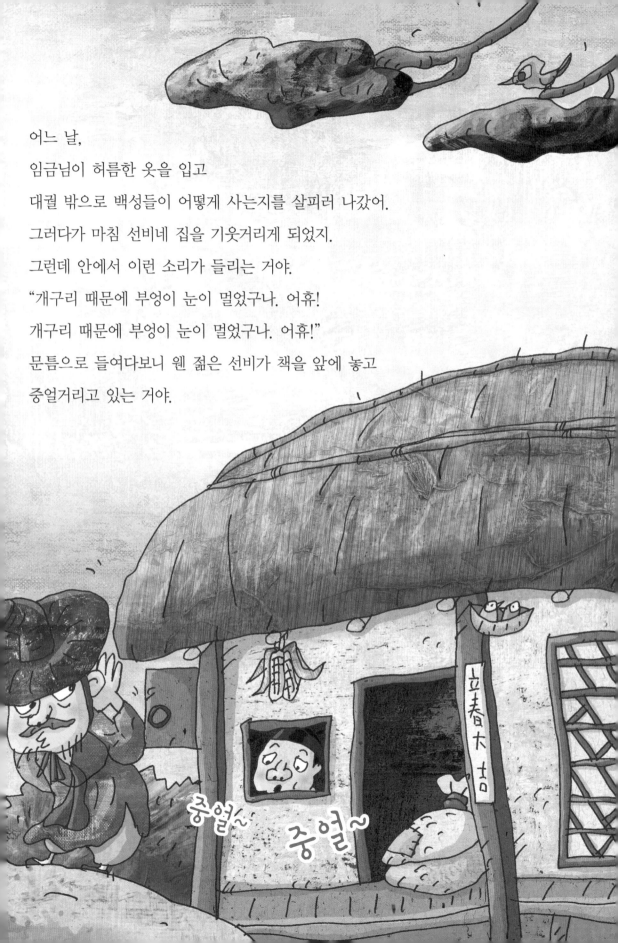

어느 날,
임금님이 허름한 옷을 입고
대궐 밖으로 백성들이 어떻게 사는지를 살피러 나갔어.
그러다가 마침 선비네 집을 기웃거리게 되었지.
그런데 안에서 이런 소리가 들리는 거야.
"개구리 때문에 부엉이 눈이 멀었구나. 어휴!
개구리 때문에 부엉이 눈이 멀었구나. 어휴!"
문틈으로 들여다보니 웬 젊은 선비가 책을 앞에 놓고
중얼거리고 있는 거야.

뇌물
개구리

도무지 무슨 말인지 몰라 임금님이 문을 열고 선비에게 물었지.

"개구리 때문에 부엉이 눈이 멀었다는 게 무슨 말이오?"

선비는 빙그레 웃으며 대답했어.

"옛날에 황새하고 꾀꼬리가 노래 대결을 하게 되었지요.

심판은 부엉이가 보기로 하였어요.

황새란 놈이 가만히 생각해 보니 꾀꼬리의 노래 솜씨를

도저히 못 따라갈 것 같더랍니다.

그래서 심판을 보는 부엉이에게 뇌물을 주기로 했지요.

겨울인데도 다행히 물속에서 잠자고 있던 개구리 한 마리를 잡아

부엉이에게 갖다 바쳤죠.

추운 동지섣달에 그 귀한 개구리를 얻었으니 부엉이는 마음이 슬쩍 움직였어요.

드디어 노래 대결을 하는 날이 되었지요.

꾀꼬리가 먼저 노래를 하는데 간드러지고 구성지게

애간장이 살살 녹을 정도로 하는 거요.

누가 들어도 기가 막힌 노래 솜씨였지요.

그 다음에 황새란 놈이 노래를 하는데
이건 뭐 '빽, 빽' 소리만 내지 노래라고 들어 줄 수도 없었지요.
하지만 뇌물로 개구리를 받은 부엉이가
'꾀꼬리는 노래는 잘하는데 너무 간드러지고 구성지게 해서 글렀다.
황새는 노래는 잘 못하지만 소리가 우렁차고 기운이 넘치니 황새가 이긴 거다.'
이렇게 말도 안 되는 심사 평을 하고 황새의 손을 들어 준 겁니다.
그때부터 부엉이가 눈이 잘 안 보인다고 하던데
갑자기 그 이야기가 생각이 나서 혼자 중얼거려 본 것이오."
임금님이 가만히 듣고 있자니 이 말이 참 맞는 말이거든.

역시 꾀꼬리
목소리가 최고군.

36

무슨 사연이 있겠구나 싶어 다시 물었어.

"나이도 아직 젊은데 왜 벼슬길에 나서지 않고

이렇게 시골에 묻혀 사시오?"

"과거를 여러 번 봤지만 그때마다 황새와 부엉이가 판을 치니

나 같은 꾀꼬리가 어디 발붙일 곳이 있겠소."

임금님은 선비가 안되기도 했거니와

인재가 이런 시골에 묻혀 있는 것이 아깝기도 했어. 그래서 한마디 했지.

"세상에 어디 황새와 부엉이만 있겠소?

내 아까 장터에서 듣기로 며칠 뒤에 과거가 있다고 하니

그때 한 번 더 응시를 해 보시오."

이렇게 말을 하고 다시 궁궐로 돌아온 임금님은 과거를 치른다는 방을 내걸었어.

선비도 시험을 보러 시험장에 들어섰어.

그런데 놀라운 일이 벌어진 거야.

아, 글쎄, 자기가 한 이야기가 시험 제목으로 나왔지 뭐야.

'개구리 때문에 부엉이가 눈이 멀었다' 라는 글귀가

시험 제목으로 커다랗게 붙어 있었어.

다른 사람들이 아무리 시험관에게 뇌물을 바쳤다고 해도

도저히 쓸 수 없는 글귀거든.

도대체 무슨 말인지 알아야 쓸 거 아니겠어?

선비는 느긋하게 시험을 잘 치르고 나왔지.

당연히 급제를 했고 말이야.

톡 톡 과 학 양 념

과거는 무엇일까?

과거는 옛날의 시험 제도야. 이 시험을 통해 나라에 필요한 관리를 선발했어. 조선시대에는 소과(하급관리), 문과(고급 관리), 무과(무관), 잡과(기술직) 등 네 종류가 있었어.

축 장원

부엉이는 최고의 사냥꾼

부엉이는 눈과 귀가 특히 발달되어 있어. 그래서 사람보다 수십 배나
잘 볼 수 있고 들을 수가 있어. 어두운 곳에서도 잘 본단다.
이렇게 좋은 눈과 귀를 가진 부엉이가 '개구리 뇌물'을 먹고 나쁜 마음을
가지게 되었다는 이야기야. 그럼 부엉이에 대해서 알아볼까?

내 눈은 밤에
더 잘 보여.

밤에 더 잘 보이는 눈

부엉이는 원래 야행성 동물이야.
낮에는 쉬고 밤에 활동하는 걸
야행성이라고 해.
그래서 부엉이도 밤에 활동하기 좋도록
진화가 되어 있어.
특히 눈은 밤에 자유자재로
움직일 수 있게 발달이 되어 있지.
귀는 우리에겐 잘 들리지도 않는
아주 작은 소리도 들을 수 있을 정도야.
무엇보다, 사냥하기에 딱 좋도록 발달된
날카로운 발톱과 부리를 가지고 있어.
게다가 날개는 솜털이 많기 때문에
날아다닐 때 소리가 거의 나지 않아.
그야말로 최고의 사냥꾼이지?

빙글~ 빙글~

깃털 가장자리에 술이 나 있어.

부엉이는 눈알을 움직일 수는 없지만

**목뼈가 14개나 있어서
머리를 좌우 270도,
위 아래로 90도 정도까지**

마음대로 돌릴 수가 있어.

이야~
대단한걸!

조금 높게 달려 있는
오른쪽 귀

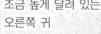

조금 낮게 달려 있는
왼쪽 귀

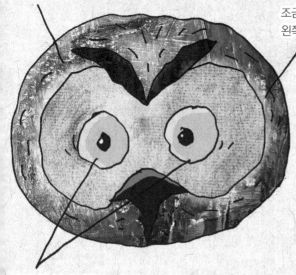

부엉이의 머리는
어떻게 생겼을까?

부엉이 이목구비의 특징을 살펴볼까?
부엉이는 양쪽 귀의 위치가 달라서
소리를 입체적으로 들을 수가 있어.
때문에 움직이는 먹잇감의 위치를
정확하게 찾을 수 있지.

밤에 잘 볼 수 있는
커다란 눈

새의 골격은 이렇게 생겼군.

머리뼈
이빨이 없는 대신
부리가 나 있어.

삐딱하게 보는 과학

새는 어떻게 하늘을 날까?

세상에는 수많은 종류의 새들이 있어.
하늘을 마음대로 날아다니는 온갖 새들이
있는가 하면, 물속을 헤엄치는 펭귄이나
무거워 뒤뚱거리며 날지 못하는 닭도 있지.
날개를 활짝 펴고 하늘을 나는
새를 보면 정말 신기하지?

날개뼈
힘찬 날갯짓을
하게 도와줘.

가슴 돌기
튀어나온
가슴뼈에
날개의 근육이
붙어 있어.

꼬리뼈
날아가는 방향을 정하는
꼬리 날개가 붙어 있어.

새의 골격
몸이 가벼워야 날 수 있겠지? 새의 뼈 속은 비어 있어.
또 공기주머니가 있어서, 공기를 채워 몸을 가볍게
하기도 하지. 이 공기주머니는 몸 부피의 20퍼센트나 차지해.

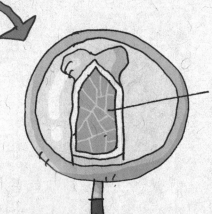

뼈의 단
뼈 속은
비어 있어
가벼워.

새의 공기주머니야.

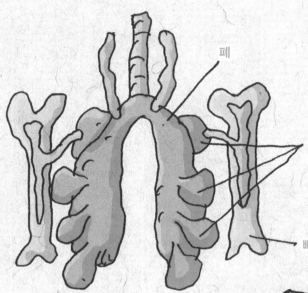

폐

여기저기
붙어 있는
공기주머니

뼈

새의 공기주머니

새의 가슴에 있는 공기주머니는
폐와 뼈에도 연결이 되어 있어.
하늘을 나는 동안 부족한 공기 속 산소를
저장해 호흡을 도와주는 역할을 해.

새가 나는 것은
비행기가 나는 원리와 같아.

공기의 흐름

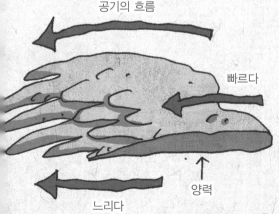

빠르다

양력

느리다

새의 날개

날개의 윗면은 볼록하고 아랫면은 납작하기 때문에
위쪽으로 지나는 공기가 더 빨리 움직이게 돼.
공기의 속도의 차이는 압력의 차이를 만들고,
이로 인해 '양력'이라는 힘이 발생해서
새가 날 수 있는 거야.

이상한 맷돌

아주 옛날 어느 나라에 많은 보물을 가지고 있는 왕이 있었어.
그 많은 보물 중에 특히 아끼는 보물이 있었는데
그게 뭔지 알아? 바로 맷돌이었어.

맷돌이 뭐가 그리 대단하냐고? 이 맷돌은 보통 맷돌이 아니었거든.

맷돌을 향해 바라는 것을 말하면 무엇이든 나왔어.

"쌀아, 나오너라." 하면 맷돌이 빙빙 돌며 쌀을 쏟아 냈고,

"맷돌아, 그만 멈추어라." 하면 그만 나왔어.

고마운
임금님!

새로 지은
밥이다!

어처구니
(손잡이)

망돌 (웃돌)

숫돌 (아랫돌)

삼발이 (맷돌 받침대)

맷돌은 왕의 보물일 뿐만 아니라 나라의 보물이기도 했지.

큰 흉년이 들었을 때는 쌀이 나와 백성들에게 나누어 주고

전염병이 돌 때는 약이 나와 병을 고쳐 주었어.

그런데 어느 날 맘씨 고약한 도둑이 궁 안으로 들어가 이 맷돌을 훔쳤지 뭐야.

도둑은 아무도 몰래 맷돌을 배에 싣고 이웃 나라로 도망쳤어.

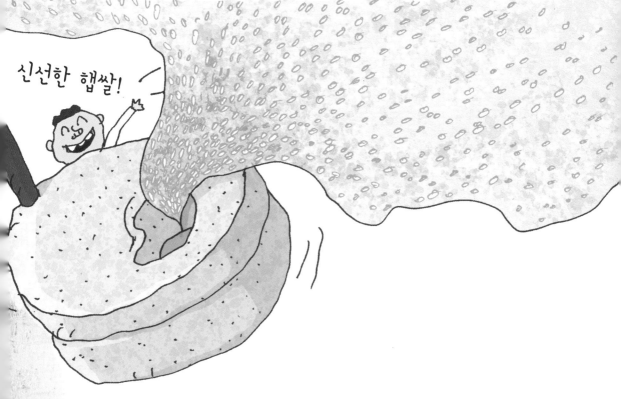

45

배가 바다 한가운데 오자 도둑은 호기심이 생겼어.

'정말 이 맷돌에서는 말하는 대로 무엇이든지 나올까?

흠! 뭘 나오라고 해 볼까?'

한참을 생각한 도둑이 무릎을 탁 치며 소리를 질렀어.

"그래, 소금을 나오라고 해야겠다."

옛날에는 소금이 황금만큼이나 귀했거든.

도둑은 맷돌을 향해 소리쳤어.

"소금아, 나오너라."

그러자 신기하게도 맷돌이 빙빙 돌기 시작하더니 소금을 쏟아 냈어.

도둑은 기뻐서 펄쩍펄쩍 뛰며 좋아했지.

맷돌이 혼자 돌며 소금을 쏟아 내는 것이 너무 신기했던 도둑은

뱃머리에 앉아 넋을 잃고 바라보았어.

빙빙

물이
왜 짜지?

한참 후, 소금이 점점 배 안에 차기 시작했어.

그제서야 도둑은 정신을 차리고 맷돌을 멈추려 했지.

하지만 맷돌을 멈추게 하는 말이 뭐였는지 잊어버리고 만 거야.

도둑이 어쩔 줄 몰라 하는 사이에 배 안이 소금으로 가득 찼어.

"아악, 살려줘!" 도둑이 소리쳤지만 이미 때는 늦어 버렸지.

잠시 후 배는 가라앉고 말았어. 도둑은 바닷속에 빠져 죽었지.

이상한 맷돌은 바닷속에서도 빙빙 돌며 소금을 쏟아 냈어.

아직까지도 이 맷돌은 깊은 바닷속에서 소금을 쏟아 내고 있다고 해.

바닷물이 왜 짠지 알겠지?

톡 톡 과학 양념

배는 왜 물에 뜰까?

배가 물에 뜰 수 있는 건 바로 '부력'이라는 힘 때문이야. 부력은 기체나 액체 속에 있는 물체가 위로 뜨려는 힘을 말해.
지구가 끌어당기는 힘인 '중력'보다 '부력'이 크면 물에 뜨게 되는 거야.

부력

중력

바닷물이 짠 이유는?

설마 바닷물이 짠 이유가 맷돌에서 소금이 나오기
때문이라고 믿지는 않겠지? 그러면 바닷물은
왜 짤까? 약 40억 년 전쯤 지구가 처음 만들어질 때
우주에는 많은 먼지들과 수많은 별들이 정처 없이
떠돌고 있었어. 지구는 이런 떠돌이별들과의
잦은 충돌로 점점 커지게 되었어.
계속된 충돌로 인해 온도가 계속 높아지고
결국 지구 전체가 마그마라는 물질로 덮여 마그마의
바다를 이루게 되었지. 이 마그마의 바다로 인해
증발되었던 수증기들은 비로 변해 지구를 적셨어.
이게 반복되면서 마그마의 바다가 서서히
식게 된 거야. 마그마가 식으면서 나오는
물질들 속에는 염분이 들어 있었는데,
이것이 빗물에 섞여 내리고 강물을 이루어 흘러
지금의 바다를 만들어 낸 거야.

소금을 쳐야 완벽한
맛을 낼 수 있어.

난 짠 것은
싫어~.

대단한 소금의 활약상

지구의 70퍼센트가 바닷물로 되어 있는 것은 알고 있겠지?
그 바닷물의 3퍼센트가 소금이라고 해.
햇볕에 바닷물이 마르면 바다 밑에는 7센티미터 두께의 소금층이 생긴대.
이걸 지구 전체에 골고루 펴면 5센티미터 두께로 덮인다고 하니 정말 어마어마하지?
공업용으로 쓰이는 소금은 도로 포장을 다질 때나 도로 위 눈을 없애는 데에 많이 쓰여.
정수기 등 물을 깨끗하게 하는 데도 쓰이지.
아참! 소금은 물에 녹지만 기름에는 녹지 않는다는 것도 알아 둬.

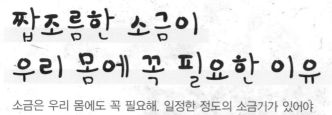

짭조름한 소금이
우리 몸에 꼭 필요한 이유

소금은 우리 몸에도 꼭 필요해. 일정한 정도의 소금기가 있어야
몸의 각 기관이 제대로 기능을 할 수 있거든. 그래서 운동을 하면
땀이 많이 나는데 이때는 물과 함께 소금을 조금 섭취하는 것이 좋아.
그래야 땀으로 빠져 나간 소금기를 보충해 줄 수 있으니까.
몸속에 소금기가 부족하면 여러 가지 병에 걸리기 쉽단다.

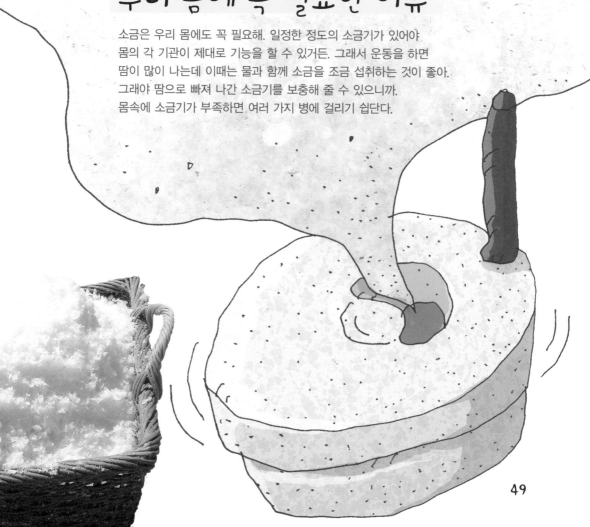

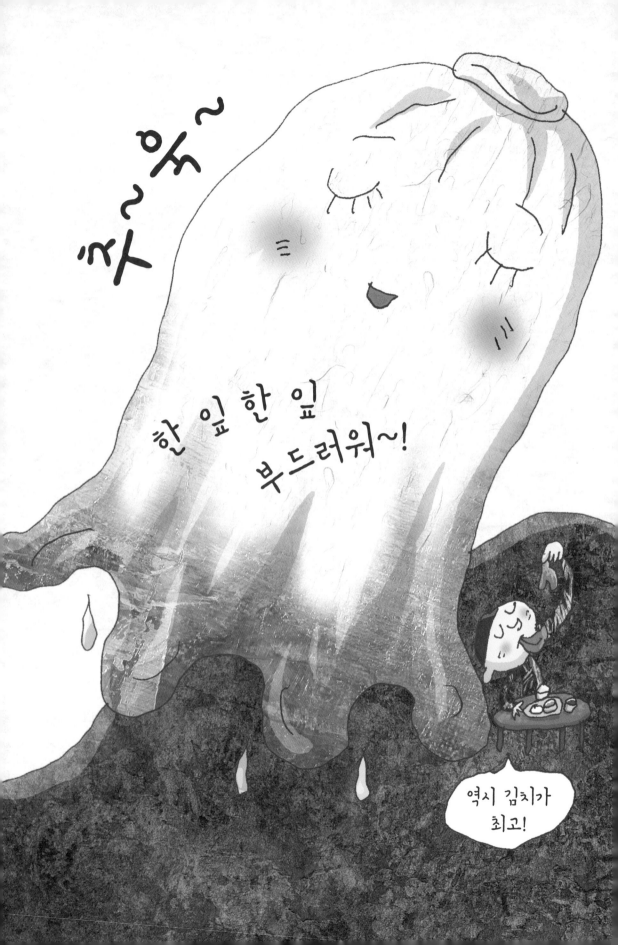

축 처진 소금에 절인 배추

김치를 담글 때는 꼭 배추나 무를 소금에 절여 두는 단계가 필요해.
듣기에도 생소한 '삼투압 현상'이 일어나는 시기야.
이걸 어른들은 '배추의 숨을 죽인다.'고 말하는데,
이 단계를 거치면 뻣뻣했던 배추가 한 잎 한 잎 부드러워져~.
또, 소금을 많이 넣으면 넣을수록 모양이 쭈글쭈글해지고 맛이 짜진단다.

삼투압 현상에 대해 알아볼까?

삼투압 현상은 농도가 낮은 곳에서 높은 곳으로 움직이려는 것을 말해. 그렇게 해서 서로의 농도를 맞추려는 거지. 짠 소금물은 싱거운 배추보다 소금의 농도가 높아. 그래서 배추를 소금에 절이면 농도가 낮은 배추 속의 물이 밖으로 빠져나와 짠 소금물과 농도를 맞추려고 하는 삼투압 현상이 일어나게 되지. 그리고 물이 빠져나온 배추는 쭈글쭈글해지는 거야.

민물에 사는 붕어를 바다로 보내면?

아마도 끔찍한 일이 벌어지고 말 거야. 붕어 몸속에 있는 물이 짠 바닷물의 소금 농도와 맞추려고 자꾸 밖으로 빠져나가게 될 테니까. 결국 불쌍한 붕어는 저 세상으로 가게 될 거야.

땅벌로 군수 자리를 얻은 사람

옛 날에는 돈을 가지고 벼슬을 사는 일이 허다했어.
돈으로 사는 일이 떳떳한 것은 아니지만
파는 사람이 있으니 사는 사람이 있는 거지.
이런 일이 많으면 나라 꼴이 말이 아니겠지?
시골에 살던 어떤 부자도 벼슬을 사서 양반 자리를 꿰차고 싶었어.
그래서 돈을 한 보따리 싸 들고 한양으로 갔지.

한양

부자는 높은 자리에 있는 대감을 찾아가 돈을 내밀었어.
"대감마님, 염치없고 송구스럽지만
군수 자리 하나 비거든 제게 주시면 고맙겠습니다."
그러자 대감이 두말 않고 대뜸 "그래." 하는 거야.
그런데 말만 그렇게 하고는 아무리 기다려도 소식이 없는 거지.
'음, 돈이 적어서 그런가?'
부자는 시골로 내려가 있는 땅 몽땅 팔아 돈을 다 싸 가지고 왔어.
"한자리 어떻게 안되겠습니까?"
"알았네. 곧 좋은 소식이 있을 걸세."
대답은 시원스럽게 하는데 또 아무리 기다려도 소식이 없는 거야.
기다리다 못해 부자가 다시 부탁했어.
"대감마님, 이러다 늙어 죽겠습니다.
죽기 전에 감투 하나 써 보게 해 주십시오."
"알았네. 조금만 더 기다려 보게."
아, 그러더니 또 아무 소식 없는 거야.

쉽게 들어줄
분이 아니지.

부자는 은근히 부아가 치밀어 올랐어.

'아무리 높은 자리에 있는 대감인지 땡감인지 몰라도, 이렇게 나온다 이거지?'

부자는 장에 가서 아주 커다란 박을 하나 샀어.

그러고는 박 속을 숟가락으로 박박 긁어 냈지.

그놈의 박을 가지고는 뒷산으로 어기적어기적 올라가 땅벌 집을 찾았어.

땅벌 집 구멍에다 박 주둥이를 대고 있으니

땅벌들이 윙윙 대면서 박 속으로 들어가느라 난리가 났어.

부자는 박의 주둥이를 짚으로 틀어막고

값비싼 비단 보자기에 싸서 아주 귀한 물건처럼 만들었어.

씩씩

어디
맛 좀 봐라.

그 귀한 걸 들고 다시 대감님을 뵈러 갔지.
"아니, 뭘 또 이런 걸 가져오나. 빈손으로 와도 괜찮은데."
"뭐, 별거 아닙니다. 대감님께서 기운이 없으신 거 같아 어렵게 구해 왔습니다."
"아, 그런가? 아무튼 고맙네."
"그런데 이 약이 아주 귀한 것이라 지켜야 할 몇 가지가 있습니다.
주무시기 전에 불을 끈 채로 드셔야 하고요,
반드시 아무도 없는 곳에서 드시고요, 문을 꼭 잠그고 드셔야 하고요.
특히 옷을 다 벗고 잡수셔야 효험이 있습니다."
"허허, 가리는 것이 많은 걸 보니 명약 중의 명약이로군.
내 이걸 먹고 효험이 있으면 큰 고을 하나 떼어 주겠네."

드디어 밤이 되었어.
대감은 빨리 이 명약을 먹고 싶어 밤이 되자마자
방문을 꼭꼭 잠그고 옷을 홀라당 벗고는 비단 보자기를 풀기 시작했지.
커다란 박이 나오자 입에 침이 고였어. 꿀꺽!
'이 속에 명약 중의 명약이 있단 말이지!'
대감은 마개를 쏙 하고 뽑았지.
그러자 웽 하는 소리가 나면서 땅벌 한 마리가 나오는 거야.
"오호, 역시 명약이라 다르군. 박 속에서 벌이 나오는군."
그런데 한 마리가 나오자 두 마리, 세 마리, 자꾸자꾸 나오기 시작했어.
이놈의 벌들이 발가벗은 대감 몸에 달라붙어 쏘기 시작하는데
버틸 장사가 있나.

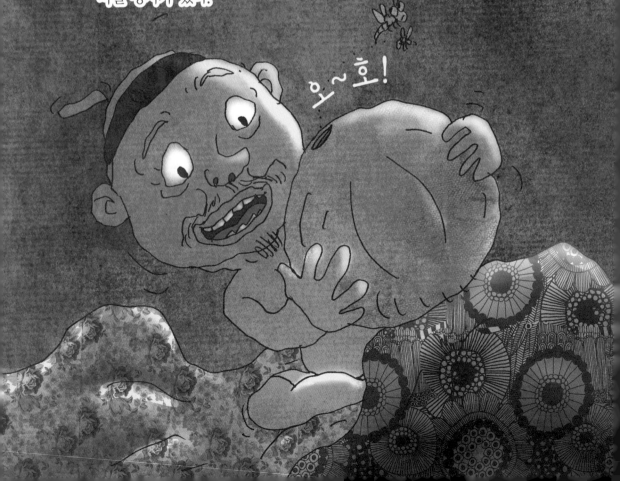

눈도 못 뜨고 온 방을 구르며 난리를 쳤지.
옆방에 있던 아들이 듣자니, 난리도 보통 난리가 아닌 거야.
"아이고, 아버님, 이게 무슨 일입니까?"
그런데 안에서 잠근 문이 열릴 리가 있나.
아무리 용을 써도 열리지가 않는 거야.
이때 부자가 나타나 짐짓 아는 척을 했어.
"이런! 대감님이 발작을 하시네. 이럴 땐 가만히 놔두는 게 상책이오.
공연히 참견을 하면 병이 더 심해지니 모두 물러나 있는 것이 좋을 것입니다."
영문도 모르는 아들은 멍 하니 있다가 부자가 시키는 대로 했지.

다음 날 아침이 되었어. 가관도 이런 가관이 또 있을까?

대감은 발가벗은 채로 온몸이 퉁퉁 부어 된장독만 하게 부풀어 올랐지,

눈은 부어 제대로 뜨지도 못하고, 입술도 퉁퉁 부어 말도 제대로 못하는 거였어.

이때 시골 부자가 들어섰어.

대감은 '바로 저 놈이 나를 이렇게 만들었어.' 라고

손가락질을 하며 말을 하는데 옆에 있는 사람 귀에는 그저

'어버버' 하는 소리로 밖에 들리지 않았지.

그러자 부자가 갑자기 넙죽 엎드리며 말했어.

"아이고, 대감마님. 어제 저보고

'내일 자네에게 군수 자리 하나 주겠네.' 하시더니

그 약속을 잊지 않으셨군요. 고맙습니다!"

대감이 그게 아니라고 손을 휘젓는데 아들은 아버지 손을 붙들고는

"아버님, 잘 알아들었습니다. 저 사람에게 지금 당장

군수 자리 하나 줘서 보낼 테니 걱정하지 마십시오."

그렇게 해서 부자는 원하던 대로 군수 자리를 얻어 가지고 내려갔지.

대감은 사흘 동안 꼼짝없이 누워 지내다 일어났지만

자기가 한 짓도 있고 해서 벙어리 냉가슴 앓듯이 그냥 가만히 있어야 했어.

이제 와서 그 일을 들쑤셔 봐야 어쩌겠어?

땅벌로 군수 자리를 얻은 사람이나 땅벌에 쏘인 사람이나 다 똑같지, 뭐.

군수 나가신다~
하하하~!

톡 톡 과학 양념

땅벌의 침

땅벌 침은 엉덩이 끝에 있는데, 한 번 밖
에는 사용할 수 없어. 침을 쓰게 되면 벌
도 죽어 버리고 말거든. 벌의 독은 병을
치료하는 데에 쓰이기도 해.

벌들도 하는 일이 정해져 있어!

벌들은 종류에 따라서 생김새도 다르고 하는 일도 달라.
여왕벌은 계속해서 알을 낳는 일을 하지. 수명은 2~4년으로 벌들 중에 가장 오래 살아.
수벌은 여왕벌과 짝짓기만 하고, 일벌은 청소나 새끼를 기르고
꿀과 꽃가루를 모으는 일을 한단다.

벌이 한 숟가락의 꿀을 얻기 위해서는
5천여 개의 꽃을 찾아 꿀을 따 와야
우리가 먹는 꿀은 꽃에서
바로 나온 게 아니라는 걸 알고 있니
벌이 꽃에서 빨아들인 꿀이 벌의 입안
지금 우리가 먹는 꿀로 성분이 바뀐
그러니 우리가 꽃을 아무리 빨아 봤자
꿀이 나오진 않는 거지.

벌은 똑똑한 건축가

벌집은 육각형으로 되어 있는데,
이 구조는 튼튼하고 버려지는 공간이 거의 없어.
겨울이 가까워지면 나무진으로
벌집의 틈새를 메워서 바람을 막아 추위를 피하지.

무서운 곤충의 독

지네

그래도 얕잡아 보지 말라구!

내 독은 약해. 물리면 쓰라리지만, 목숨을 잃는 경우는 거의 없어.

곤충들 중에는 독을 가지고 있는 것들이 있어.
우리가 잘 알고 있는 벌이나 전갈, 거미,
지네 같은 곤충들이 독을 가지고 있지.
모기나 개미도 독을 가지고 있어.
독이 있는 곤충에게 물리거나 쏘이면
아프고 열이 많이 나.
그리고 몸에 두드러기가 나기도 하지.
심한 경우에는 목숨을 잃기도 해.

내 꼬리 끝에는 무시무시한 독침이 있어. 내 독침 한 방이면 죽을 수도 있지.

← 전갈

장수말벌

엄마, 배고파요 밥 주세요

나는 사마귀 같은 곤충을 잡아먹어.

사람의 목숨을 빼앗는 장수말벌

말벌은 우리 주변에서 흔히 만날 수 있기 때문에
더욱 조심해야 해. 원래는 산에서나 볼 수 있었는데,
요즘은 도시에도 나타나거든. 공격을 잘하는 말벌은
다른 벌과는 달리 여러 번 침을 쏠 수 있는 데다가,
강한 독을 가지고 있어. 그중에서도 장수말벌의 독은
사람의 목숨까지도 빼앗을 수 있어.
그래서 추석 때 벌초나 성묘를 갔다가 벌에 쏘여
사람이 죽었다는 기사도 종종 나와.
장수말벌의 집이 무덤 주변에 많거든.

난 주로
나방이나
나비의 애벌레를
잡아먹어.
흐흐흐~.

침노린재

독침

병도 치료하는 전갈의 독

전갈은 꼬리 부분에 독을 가지고 있어.
어떤 전갈이냐에 따라서 가진 독의 종류도 다양하지.
전갈의 독은 위험한 정도에 따라서 다섯 단계로 나뉘는데,
가장 위험한 1단계와 2단계의 전갈은 우리나라에 들여오지 못하게 되어 있어.
그런데 전갈의 독이 병을 치료하는 데에도 쓰인다는 걸 알고 있니?
한방에서는 오래전부터 전갈의 독을 약으로 사용해 왔어.
최근에는 전갈 독을 이용한 강력한 진통제가 개발되고 있고,
쿠바에서는 암 치료에 전갈의 독을 이용하고 있다고 해.

독이 있는 다른 곤충들

지네도 독을 가지고 있지만 강한 것은 아니야.
사람에 따라 다르지만, 지네에게 물리면 아프고 빨갛게 부어오르는 정도야.
하지만 작은 곤충이나 동물들에게는 강력한 독이기 때문에 사냥에 큰 도움을 줘.
개미의 독도 사람에게는 크게 해롭지 않아.
그러나 물리면 무척 아픈 개미가 있어. 바로 총알개미야.
모든 곤충 중에서 이 총알개미한테 물리면 가장 아프다고 해.
얼마나 아프면 이름이 총알개미겠어?
이것들 말고도 독을 가지고 있는 곤충들은 많이 있어.
대부분 먼저 공격하지 않는다고 하니,
괜히 장난치다가 큰코다치지 않도록 조심해.

토끼와 거북

따뜻한 봄날이었어.

느림보 거북이 한 마리가 느릿느릿 길을 가고 있었어

마침 토끼가 지나가다 느림보 거북이를 보고 말을 걸었어.

"느림보야, 어디 가니?

"보시다시피 산책을 하고 있는 중이야."

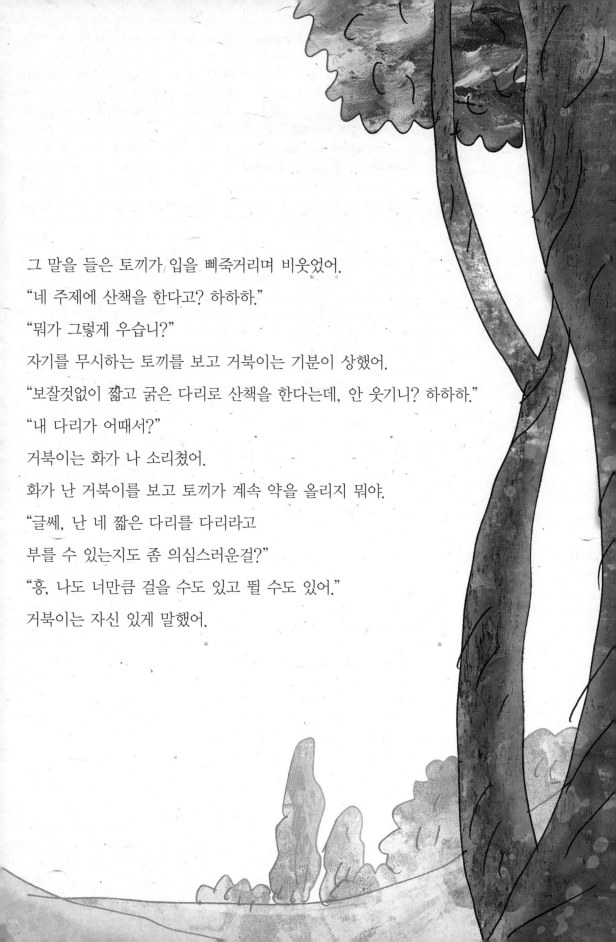

그 말을 들은 토끼가 입을 삐죽거리며 비웃었어.

"네 주제에 산책을 한다고? 하하하."

"뭐가 그렇게 우습니?"

자기를 무시하는 토끼를 보고 거북이는 기분이 상했어.

"보잘것없이 짧고 굵은 다리로 산책을 한다는데, 안 웃기니? 하하하."

"내 다리가 어때서?"

거북이는 화가 나 소리쳤어.

화가 난 거북이를 보고 토끼가 계속 약을 올리지 뭐야.

"글쎄, 난 네 짧은 다리를 다리라고

부를 수 있는지도 좀 의심스러운걸?"

"흥, 나도 너만큼 걸을 수도 있고 뛸 수도 있어."

거북이는 자신 있게 말했어.

거북이의 당당한 태도에 토끼는 배꼽을 잡고 웃었어.

느림보 거북이가 자기만큼 빨리 뛸 수 있다고 하니

너무 어처구니가 없었던 거야.

그러자 거북이가 더 황당한 제안을 했어.

"좋아! 그럼, 우리 누가 이기나 달리기 경주를 해 보자."

"아니, 그렇게 우습게 생긴 다리로 감히 나와 겨루겠다고?"

토끼는 가소롭다는 듯이 거북이를 보고 비웃었어.

"네가 이기면 싱싱하고 맛있는

당근, 양배추, 사과, 토끼풀을 한 바구니 줄게."

"정말?"

그 말에 솔깃해진 토끼는
거북이의 얼토당토않은 제안을 받아 주기로 했어.
거북이를 이기는 것쯤이야
토끼에게는 누워서 떡 먹기니까 말이야.
"여기서부터 저기 산꼭대기에 있는 나무까지 가기로 하자."
거북이가 멀리 보이는 산 위의 소나무를 가리켰어.
"좋아. 자, 셋 하면 뛰는 거다! 하나, 둘, 셋!"

드디어 경주가 시작됐어.

재빠른 토끼와 느림보 거북이의 달리기 경주라니, 상대가 되겠어?

아니나 다를까 토끼가 시작부터 저만큼 앞서 나갔어.

한참을 신나게 달리던 토끼가 뒤를 돌아보니 거북이는 아예 보이지가 않았지.

"감히 나와 달리기 경주를 하겠다고? 어리석은 거북이 같으니라고.

여기서 천천히 땀이나 식히고 가야겠다."

산 중턱쯤 되는 곳에서 토끼는 잠깐 쉬었다 가기로 했어.

그런데 이걸 어째?

토끼가 그만 자기도 모르게 잠이 들어 버린 거야.

하지만 거북이는 쉬지 않고 기었어.

땀이 온몸을 적시었지만 천천히 조금씩

산꼭대기 나무를 향해 기어갔지.

거북이는 드디어 토끼가 있는 곳에 이르렀어.

그리고 자고 있는 토끼를 지나 부지런히 계속 기어 올라갔지.

드디어 산꼭대기의 나무가 보이기 시작했어.

그 무렵, 낮잠을 자고 있던 토끼도 깨어났지.

토끼는 눈을 비비고 거북이가 어디 있는지 산 아래쪽을 바라보았어.

그런데 느림보 거북이가 보이지 않는 거야.

"이크! 큰일 났네. 거북이가 지나갔나 보군."

토끼는 허둥지둥 뛰기 시작했어.

하지만 거북이를 따라잡을 수는 없었지.

톡톡 과학 양념

동물들도 사람처럼 땀을 흘릴까?

사람은 더우면 땀을 흘려서 체온을 낮춰. 동물들도 땀을 흘리기는 하지만 땀이 나오는 땀샘이 사람처럼 발달해 있지 않은 동물이 대부분이야. 아예 땀샘이 없는 동물도 있어.

한참 후에 산꼭대기에 도착했지만
이미 거북이는 편안히 앉아서 토끼를 기다리고 있었어.

토끼가
달리는 모습

깡충
깡

이야기 속 숨은 과학

엄청나게
긴 뒷다리

토끼가
빨리 달리는 이유

혹시 토끼가 뛰는 옆모습을 본 적이 있니?
우리가 뛰는 모습과는 많이 다르지? 마치 뜀틀을 뛰는 것 같은 모습으로 달리잖아.
토끼는 뛸 때 앞발을 먼저 내디딘 다음, 뒷발을 앞발보다 앞으로 쭉 빼며 달려.
동물 중에 제일 빠르다는 치타도 뒷발을 앞발보다 앞으로 내밀며 뛴다는 사실!
평소에는 몸을 웅크리고 있어서 잘 모르지만, 토끼의 몸을 보면 앞다리가 짧고 뒷다리가
훨씬 길어. 그렇기 때문에 앞으로 나아가는 힘이 크고, 그래서 빨리 달릴 수 있는 거야.
그 덕분에 토끼는 무서운 적들이 나타났을 때 재빠르게 도망을 칠 수 있는 게 아닐까?

등딱지

갈비뼈는 납작해져서
등딱지를 떠받치고 있어.

어기적~

뱃가죽

어기적~

거북이가 느린 이유

거북이가 느린 이유는 여러 가지가 있는데, 우선은 두꺼운 등딱지 때문이야.
몸을 보호하기 위한 등딱지의 무게 때문에 느린 거지. 물론 다리가 짧아서이기도 해.
하지만 거북이가 항상 느린 것은 아니야. 바닷속에서는 무척 빠르게 헤엄을 치거든.
아마 거북이의 몸은 땅 위보다는 물속에서 지내는 데에 더 알맞게 생긴 것이 아닐까?

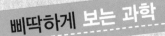

척추동물과 무척추동물

동물을 나누는 기준은 여러 가지가 있지만, 크게 척추동물과 무척추동물로 나누어져.
척추가 뭐냐고? 등을 만져 보면 가운데에 길게 내려오는 뼈가 있지? 그게 바로 척추야.
이 뼈가 있느냐 없느냐를 가지고 동물을 둘로 나눈 거지.

척추동물은 다시
포유류, 조류, 어류, 양서류,
파충류로 나눌 수 있어

1. 포유류

'포유'라는 말은 어미가 젖을 먹여 새끼를 키운다는 뜻이야.
즉, 어미의 몸속에 배고 있던 새끼를 낳아
젖을 먹이는 동물이 포유류야. 우리 사람도 포유류야.

2. 조류

우리가 '새'라고 부르는 것들이 바로 조류야.
조류의 몸은 깃털로 싸여 있고 폐로 숨을 쉬어.
새끼를 낳지 않고 알을 낳지.

이래봬도 뼈대 있는
집안이야~!

나 혼자서도
충분해~!

3. 어류

어류는 물고기들을 말해. 몸은 비늘로 싸여 있고, 아가미로 숨을 쉬어.
알을 낳고, 주위 온도에 따라 체온이 변해. 아참, 고래는 포유류야.

4. 양서류

어릴 때는 아가미로 숨을 쉬면서 물속에 살지만 크면서
폐나 피부로 숨을 쉬며 땅 위에 살아. 개구리나 두꺼비 같은 것들이야.

5. 파충류

단단한 비늘로 온몸이 싸여 있어. 폐로 숨을 쉬며 주위의 온도에 따라
체온이 변해. 뱀이나 거북, 악어 같은 것들이야.

무척추동물은
등뼈가 없는 동물을 말해

어머,
뼈가 없다고
무시하지 말라구!

1. 절지동물

우리가 '곤충'이라고 부르는 것들이 다 절지동물이야.
머리, 가슴, 배로 나누어지고 다리에는 마디가 있어.

2. 환형동물

몸이 긴 원통 모양으로 생겼어.
암수가 한 몸이고 알을 낳아. 지렁이 등이 있어.

3. 극피동물

몸이 딱딱한 껍데기로 되어 있어.
불가사리가 바로 극피동물이야.

4. 편형동물

몸이 납작한데, 항문이 따로 없고 입으로 배설을 해.
둘로 갈라져도 갈라진 몸이 다시 자라나.

5. 연체동물

몸에 뼈가 없고 주로 물에서 살아.
소라나 오징어, 달팽이 같은 것들이야.

힘내!

끙끙!

밥 짓는 돌절구

옛날 어느 마을에 형제가 살았어.

둘 다 착하거나 나쁘면 이야기가 안 되잖아.

형은 성격이 고약하고 심술이 많은 데 비해

아우는 가난하지만 착하고 성실했지.

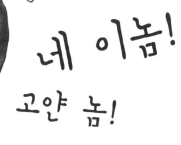

78

당연히 착한 아우가
어머니를 정성껏 모시며 보살폈어.
옆 동네에 사는 형은 늙은 어머니와 아우를
매일 찾아와서 구박만 하고 가는 거야.

에구머니나!
이를 어쩌누!

어느 날, 아우가 잔칫집에서 일을 해 주고는
밥 한 사발을 얻어 가지고 돌아오고 있었어.
배가 너무 고팠지만 어머니가 떠올라 꼴깍꼴깍 침만 삼켰지.
고개 마루에 올라서니 어머니가 기다리고 있었어.
반가워 달려가던 아우는 그만 사발을 땅에 떨어뜨리고 말았지 뭐야.
밥알이 온 사방으로 흩어져 버렸어.
"에구머니나, 이를 어쩌누!"
어머니가 발을 동동 굴렀지. 그러나 이미 엎질러진 밥인걸!
아우가 밥사발을 주우려는데 웬 절구가 보이지 않겠어?
그런데 그 안에 고슬고슬하게 지어진 하얀 쌀밥이 소복하게 담겨 있는 거야.
아까 떨어진 밥알 몇 알이 그 속에 들어가서 저절로 밥이 된 거였어.
'그것 참 신기하다!'
아우는 그 돌절구를 짊어지고 어머니와 같이 집으로 돌아왔어.

돌아오자마자 이웃집에서 쌀 한 되를 꾸어다가
밥을 지어 한 숟가락 정도 돌절구 안에 넣었어.
그랬더니 신기하게도 금세 돌절구 안에 밥이 가득 차는 거야.
"정말 신기하군. 이제 밥은 굶지 않겠구나."
어머니와 아우는 밥걱정은 안 하고 살게 되었어.
이 소식을 듣고 이웃 마을에 사는 형이 찾아 왔어.

어머니는 내가 모실 테니 절구 나 줘!

우와~! 밥이 절구에 막 나오네

욕심쟁이 형은 다짜고짜 아우에게 절구를 달라고 하는 거야.

"네가 어디서 요상한 절구를 주웠다며?

"예, 형님. 덕분에 밥걱정 없이 어머니를 모시게 됐습니다."

"오늘부터 어머니는 내가 모실 테니 돌절구를 다오."

"안 됩니다. 어머니는 제가 모시겠습니다."

"아니, 이놈이! 형 말을 들어야지 어디서 생떼를 쓰느냐?"

이렇게 서로 다투는데 도저히 결판이 나질 않는 거야.

절구가 깨져
버렸네……

엄마야!

헉!

보다 못한 어머니가 말했어.
"저 산 밑에 각자 구덩이를 하나씩 파고
위에서 절구를 굴리거라.
절구가 들어가는 구덩이 임자가 절구를 갖도록 해."
형제는 산 밑으로 가서 각자 구덩이를 팠어.
그리고 산 위로 올라가 돌절구를 굴렸지.

톡톡 과학 양념

절구가 뭐지?

절구는 곡식을 빻거나 찧을 때 쓰는 기구야.
보통 통나무나 돌을 파내 거기에 곡식을 넣
고 절구공이라고 불리는 방망이로 찧어.

그런데 데굴데굴 잘 굴러 내려가던 이놈의 절구가
글쎄 중간쯤 내려오다가 바위에 부딪치고
나무에 부딪치더니 결국 깨져 버렸지 뭐야.
산산조각이 나 버린 돌절구는 흔적도 없이 사라졌어.
"산신령님이 화가 나 다시 가져가신 거야."
"우리 형제가 다투는 것을 보고 가져가신 것이지."
형과 아우는 자기들의 다툼 때문에 돌절구가 없어졌다고 생각을 했어.
그 뒤로 형은 자기 잘못을 뉘우치고
어머니를 정성껏 모시며 오래오래 살았대.
물론 아우도 같이 말이야.

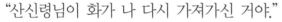

이야기 속 숨은 과학

쌀은 어떻게 밥이 되지?

우리가 매일매일 먹는 맛있는 밥은 바로 쌀로 지어.
그럼 쌀은 어디에서 자라는 걸까?
설마 '쌀나무'라고 답하는 건 아니겠지?
쌀은 바로 벼에서 나오는 거야. 우리나라에서는
보통 4월에 못자리에 씨(볍씨)를 뿌리고,
5월에서 6월 사이에 모내기를 해. 모내기가 뭐냐고?
벼는 씨를 논에 직접 뿌리지 않고, 못자리에 뿌려서
어느 정도 키운 다음에 논에 옮겨 심거든.
이걸 모내기라고 해. 그리고 다 자란 벼는
9월에서 10월 정도에 걷는 거야.

쌀이 나오기까지의 과정

농약은 싫어
똥, 오줌이 좋아

예전에는 볏짚과 풀, 똥을 썩혀 만든 퇴비를
논이나 밭에 뿌렸어. 퇴비를 땅에 뿌리면 땅이
기름지게 되어 농작물이 풍성하게 자라거든.
지금은 퇴비 대신 화학 비료를 많이 사용해.
효과가 빠르고 편리하기 때문이야.

그러나 화학 비료를 오래 쓰면 농작물을 키우기 어려운 땅으로 변해.
해충도 많이 생기기 때문에 농약을 많이 뿌려야 하고.
농약은 해충 말고도 해충을 잡아먹는 천적까지
없애기 때문에 문제가 되고 있어.

난 착한
무당벌레야.
나쁜 진딧물을
잡아먹는다고~!

거름에는
똥, 오줌이
제일 좋아.

쟤 또 왔네.

결국, 화학 비료와 농약은 땅을 망가뜨리고
물을 오염시켜 사람들의 건강을 해치는 거지.

많아도 너무 많은 가축의

거름으로는 좋은 똥이지만,
사실 똥은 우리 환경을 오염시키는 말썽쟁이야.
우리가 즐겨 먹는 소, 돼지, 닭, 오리 등을 키우는
농장에서 버려지는 가축의 똥과 오줌이
계곡물과 강, 바다 그리고 땅을 오염시키고 있거든.
더 큰 문제는, 사료 속에 가축들이 병에 걸리지 않고
빠르게 크게 하는 약들을 집어넣어 키운다는 것이야.
이런 사료를 먹은 가축들의 고기와 똥,
오줌 속에는 이 약들이 고스란히 남아 있겠지?
고기는 사람의 몸을 오염시키고
똥, 오줌은 자연을 오염시키는 셈이야.

재가
누구냐?

진드기와 파리

옛 날에 궁궐에 사는 궁녀라 하면
임금님이 '너 죽어라.' 하면
죽는 시늉이라도 해야 하는 신세였어.
더 기가 막힌 것은 평생 임금님의 얼굴 한번 못 보더라도
임금님의 여자로만 살아야 했다는 거야.
다른 남자를 만나서는 안 됐거든.
참으로 답답한 노릇이었지.
궁녀가 임금님 몰래 다른 남자를 만난다는 것은
목숨을 내놓을 각오를 해야 하는 일이었어.

이렇게 위험한 일인데도,
목숨을 걸고 다른 남자를 만나는 궁녀가 있었어.
원래 이 궁녀와 총각은 한 동네에서 살면서
결혼을 약속한 사이였어.
그런데 마침 그 동네로 사냥을 나갔던 임금님이
처녀를 보고는 홀딱 반한 거야.
그래서 그 처녀는 임금님의 명령으로
궁궐로 들어가 궁녀가 됐지 뭐야.
이런 일이 생기자 딱하게 된 건 총각이었지.

총각은 궁녀가 된 처녀를 잊지 못해 한숨도 잘 수가 없었어.

그래서 매일 밤 몰래 궁궐로 들어가 처녀를 만난 거야.

이런 아슬아슬한 사랑을 하다가 그만 들키고 말았지.

총각은 다행히 궁궐 밖으로 도망을 쳤지만

처녀는 꼼짝없이 잡혀서 온갖 고초를 겪게 되었어.

병사들에게 쫓기게 된 총각은 며칠을 숨어 다녔지.

그냥
말해 버려!

에고,
불쌍해라.

그놈
어딨어?

으윽~~

빨리
불어

그러다가 어질다고 소문이 자자한
황희 정승을 찾아가
도움을 청하기로 한 거야.
그런데 대쪽같이 곧은 황희 정승이
자기 부탁을 들어줄 것 같지가 않았어.
궁리 끝에 굴비 한 두름을 사서
끝에다 자기의 억울한 사정을 적은 편저를 끼워
정승 집 안으로 휙 던졌어.
마침 마당에 있던 정승 부인이 굴비 두름을 봤지.
그리고 굴비 두름 끝에 있는 종이를 풀어 보니
기막힌 사연이 구구절절 적혀 있는 거였어.
하지만 성질이 꼬장꼬장한 자기 남편이 굴비를 보면
분명 뇌물이니 내다 버리라고 할 것이 분명했어.

에~헴!

대쪽 같은
내 성품!

무슨 방법이 없을까?

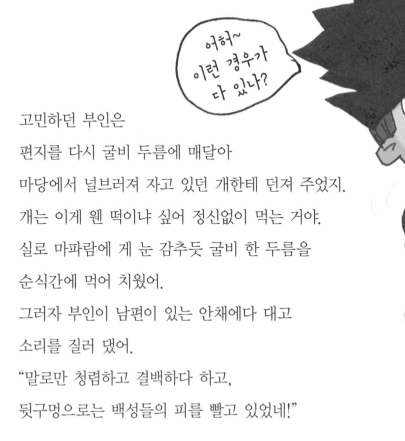

어허~
이런 경우가
다 있나?

고민하던 부인은
편지를 다시 굴비 두름에 매달아
마당에서 널브러져 자고 있던 개한테 던져 주었지.
개는 이게 웬 떡이냐 싶어 정신없이 먹는 거야.
실로 마파람에 게 눈 감추듯 굴비 한 두름을
순식간에 먹어 치웠어.
그러자 부인이 남편이 있는 안채에다 대고
소리를 질러 댔어.
"말로만 청렴하고 결백하다 하고,
뒷구멍으로는 백성들의 피를 빨고 있었네!"

우걱!
우걱!

부인이 외치는 소리를 듣고 깜짝 놀라 황희 정승이 뛰어나왔지.

"부인, 그게 무슨 당치도 않은 말이오?"

헐레벌떡 나와 보니 마당에 다 먹은 굴비 쪼가리가 널려 있고,

개는 헐떡이며 그것들을 주워 먹고 있는 것이 아니겠어.

뇌물로 받은 굴비를 개가 먹어 버린 셈이 된 거지.

가만 보니, 굴비 묶었던 새끼줄에 웬 편지가 달려 있단 말이야.

집어 들어 펴 보니 거기에는 구구절절 애절한 사연이 적혀 있는 거라.

다 읽은 정승은 의관을 갖춰 입고는 부랴부랴 궁궐로 달려갔지.

톡 톡 과학 양념

진드기가 궁금해!

진드기는 우리 인간에게 피해를 주는 대표적인 해충이야. 동물이나 식물에 붙어사는데, 피를 빨아 먹기도 해. 크기는 0.4~1.5밀리미터로 아주 작아.

임금님을 보자마자 황희 정승은 허허 웃기 시작했어.

계속 허허 하고 웃자, 보다 못한 임금님이 신경질을 냈어.

"아니, 정승은 뭐가 그리 좋아 계속 웃는단 말이오."

"글쎄, 소신이 방금 궁궐로 들어오는데

숫 진드기와 암 파리가 서로 싸우고 있지 뭡니까?"

임금님은 믿을 수 없다는 듯이 웃었어.

"허허, 진드기와 파리가 싸움을 하다니요?"

"소신의 말씀을 좀 들어 보십시오.

숫 진드기가 암 파리보고 '사랑하는 파리야, 나하고 같이 살자.' 하니까

암 파리가 '너는 세상 물정을 몰라도 한참 모르는구나.

지금 어떤 총각이 사랑하는 처녀와 살려다가 쫓겨 다니는 것도 모르느냐?'

이러는 것이 아니겠습니까?

그러자 진드기가 '우리 같은 벌레도 마음만 맞으면 짝을 지어 사는데

하물며 만물의 으뜸인 사람이 어찌 짝짓는 것을 마음대로 못 한단 말이냐?

거짓말 하지 마라.' 하면서 싸움을 하고 있더란 말이지요."

이 말을 들은 임금님은 얼굴이 발개지면서 말을 가로 막았지.

"지금 무슨 말을 하는지 잘 알겠소. 이제 그만하시오."

그러고는 곧바로 내시를 불러 갇힌 궁녀는 풀어 주고

총각은 더 이상 쫓지 말라고 명령을 내렸어.

그 모습에 황희 정승은 헛기침을 크게 하고는 씨익 웃더라나.

어서 와요~.

아주 작은 해충 진드기

진드기는 아주 작지만 개나 소, 새의 몸에 살짝 붙어 피를 몰래 쪽쪽 빨아 먹는
아주 얄미운 녀석이야. 자기 몸의 몇 배나 되는 많은 양의 피를 빨아 먹지.
그렇다고 모든 진드기가 피를 빨아 먹는 것은 아니야. 집먼지 진드기는 우리 피부의
각질을 먹고 사는데, 이불이나 베개 같은 곳에 살면서 우리 몸에 알레르기를 일으켜.
과일 나무나 고추나무에 달라붙어 피해를 주는 고약한 녀석도 있어.
바로 잎진드기들이야. 이 녀석들은 잎 뒷면에서 즙을 빨아 먹는데,
이렇게 되면 잎이 누렇게 변하고 고추나무가 말라 죽어 버려.

98

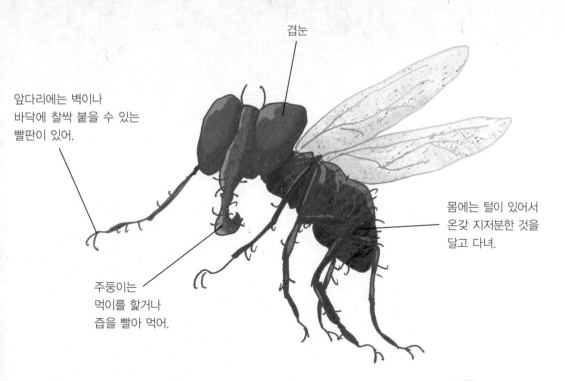

겹눈

앞다리에는 벽이나
바닥에 찰싹 붙을 수 있는
빨판이 있어.

몸에는 털이 있어서
온갖 지저분한 것을
달고 다녀.

주둥이는
먹이를 핥거나
즙을 빨아 먹어.

더러운 곤충 파리

우리가 흔히 볼 수 있는 파리는
온갖 더러운 세균을 몸에 묻히고 다니는 해충이야.

**주로 쓰레기나 죽은 동물 등에 알을 낳는데,
이 알을 구더기라고 해.**

구더기는 쓰레기나 죽은 동물을 먹고 자란단다.

나는 장티푸스,
콜레라, 이질과 설사,
장염, 식중독 같은
많은 병을 여기저기
퍼트리지~.
흐흐흐.

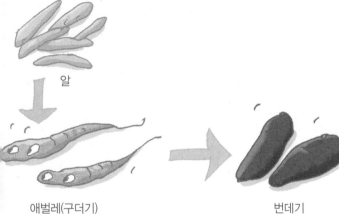

알

애벌레(구더기)

번데기

어른 벌레

'박테리아'라는 말, 많이 들어 봤지?
세균을 영어로 '박테리아'라고 해.

파리와 친한
세균과 바이러스

우리 몸에 병을 일으키는 세균! 하지만 병을 일으킨다고 해서 나쁜 것만은 아니야.
우리가 즐겨 먹는 김치나 된장 같은 발효 음식은 바로 이 세균이 만들어 내는 거거든.
세균은 지구상에 살지 않는 곳이 없어. 너무 추워 사람이 살지 못하는 남극이나
북극에도 왕성하게 살고 있지. 모든 동물의 몸속에서도 잘 살고 말이야.

온 세상이
우리들 거야.

보통 세균은 한 개의 세포가
두 개로 늘어나고, 그 두 개가 다시
네 개로 늘어나는 식으로 해서
수백, 수천 개로 늘어나는
능력을 가지고 있어.
세포는 생물체를 이루는
가장 기본적인 단위를 말해.

**세균과 비슷한 것으로
바이러스가 있어.**

바이러스는 세균보다 작은 미생물이야.

먹지도 않고 숨도 쉬지 않은 채
공기 중에 떠다니다가

동물이나 식물, 세균의 세포에 침입해
숫자를 늘리며 활발하게 활동을 시작해.

저학년
첫 역사책
전6권

쉽고 재미난 역사 공부를 위한 첫걸음 《안녕? 한국사》!
도깨비들이 과거로 날아가 우리 역사 속 궁금증을 풀어 줘요.
초등학교 한국사 교과서 내용을 아주 쉽고 재미있게 담은 《안녕? 한국사》!
자, 도깨비들과 함께 신 나는 역사 여행을 떠나요~!

안녕? 한국사 1 – 선사 시대

우리 조상이 곰이라고?

옛날 옛적 구석기, 신석기, 청동기 시대에는 무슨 일이 있었을까? 사람들은 어디서, 무엇을 먹고 살았을까? 고조선은 어떤 나라일까? 정말 우리 조상은 마늘과 쑥을 먹고 인간이 된 곰일까?

안녕? 한국사 2 – 삼국 시대

최후의 승자는 누구일까?

옛날 옛적 고구려, 백제, 신라는 누가 세웠을까? 삼국 시대에는 무슨 일이 있었을까? 최후의 승자는 용맹한 고구려일까, 찬란한 문화를 가진 백제일까, 차근차근 성장한 신라일까?

안녕? 한국사 3 – 고려 시대

우리나라는 왜 코리아일까?

옛날 옛적 고려 시대에는 무슨 일이 있었을까? 왜 우리나라는 '대한민국'인데 영어로는 '코리아'라고 부를까? 고려는 거란과 몽골의 침입에 어떻게 맞섰을까? 팔만대장경은 왜 만들어진 걸까?

안녕? 한국사 4 – 조선 시대 ❶

조선에 에디슨이 살았다고?

옛날 옛적 조선 시대에는 무슨 일이 있었을까? 조선에도 에디슨이 있다는데 과연 누구일까?
한글, 측우기, 앙부일구, 거북선, 거중기 등 수많은 발명품들 중에 최고는 무엇일까?

안녕? 한국사 5 – 조선 시대 ❷

조선은 왜 망했을까?

옛날 옛적 조선 시대 후기에는 무슨 일이 있었을까? 흥선 대원군은 왜 나라 문을 꽁꽁 걸어 잠갔을까? 훌륭한 인물과 우수한 문화를 자랑하던 조선은 어쩌다가 일본에게 나라를 빼앗겼을까?

안녕? 한국사 6 – 근현대

우리는 왜 남북으로 갈라졌을까?

일제 강점기에는 어떤 일이 있었을까? 우리 민족은 독립을 위해 어떤 노력을 했을까?
6 · 25 전쟁은 왜 일어났을까? 우리는 왜 남한과 북한으로 갈라지게 되었을까?

• 백명식 글 · 그림 | 김동운(전 국사편찬위원회 교육연구관) 감수 | 1, 6권 96쪽, 2~5권 84쪽

알쏭달쏭 저학년 추리 동화

명탐정 시토 (개정판. 전10권)

시토 형사는 세계적으로 유명한 탐정이야.
'알쏭달쏭 이상하고 무척 어려운 사건만 담당하는 부서'에서 시토는 일
중국에서 온 조수 칭칭 형사의 도움을 받아서 말이야.
혹시 이상한 사건이 생기면 시토와 칭칭에게 맡겨 줘!

1권
**명탐정 시토,
꺽다리 조수 칭칭을 만나다**

어느 날, 귀중한 도자기 식기 세트가 사
라졌어. 대체 범인은 누구일까?

2권
**명탐정 시토,
사라진 미라를 찾아라**

저주를 막으려면 이집트에서 사라진 미
라를 찾아야 해. 미라는 어디 있을까?

3권
**명탐정 시토와
한밤의 수상한 방문객**

한밤중에 나타났다가 금세 사라지는
수상한 방문객의 정체는 무엇일까?

4권
**명탐정 시토와
흰 페인트 자국의 비밀**

여왕이 아끼는 경주마가 사라졌어.
페인트 자국만으로 찾을 수 있을까?

5권
**명탐정 시토와
가발 도난의 수수께끼**

잠깐 벗어 놓은 가발이 사라졌어. 대머
리 의뢰인은 가발을 찾을 수 있을까?

6권
**명탐정 시토,
도둑맞은 월드컵은 어디에?**

금으로 된 월드컵을 도둑맞았어!
탐지기를 어떻게 통과해 훔쳐갔을까?

7권
**명탐정 시토와
칭칭의 놀라운 정체**

시토의 조수인 칭칭에게는 숨겨진 사연
이 있었어. 칭칭의 정체는 무엇일까?

8권
**명탐정 시토와
우산 공장의 음모**

누군가 우산 공장에 들어와 기계만
가뜨리고 도망갔어. 왜 그랬을까?

9권
**명탐정 시토,
사라진 자석 바위는 어디에?**

세계에서 가장 큰 자석 바위가 사라졌
어. 대체 누가 가져갔을까?

10권
**명탐정 시토의
오싹오싹 공포 특급**

시토는 〈위대한 탐정 대백과사전〉
이름이 실릴 수 있을까?

안토니오 G. 이투르베 글 | 알렉스 오미스트 그림 | 김미화 · 김미경 옮김 | 1~9권 각 40쪽, 10권 176쪽